NOTICE NÉCROLOGIQUE

SUR

M. L. DE BUZONNIÈRE

MEMBRE FONDATEUR ET DEUX FOIS PRÉSIDENT DE LA SOCIÉTÉ
ARCHÉOLOGIQUE ET HISTORIQUE DE L'ORLÉANAIS

PAR M. L'ABBÉ DESNOYERS

VICAIRE GÉNÉRAL, VICE-PRÉSIDENT DE LA SOCIÉTÉ

(Lue à la Société, séance du vendredi 23 juin 1876)

ORLÉANS

IMPRIMERIE DE GEORGES JACOB

4, CLOITRE SAINT-ÉTIENNE, 4

1876

NOTICE NÉCROLOGIQUE

SUR

M. L. DE BUZONNIÈRE

MEMBRE FONDATEUR ET DEUX FOIS PRÉSIDENT DE LA SOCIÉTÉ
ARCHÉOLOGIQUE ET HISTORIQUE DE L'ORLÉANAIS

PAR M. L'ABBÉ DESNOYERS

VICAIRE GÉNÉRAL, VICE-PRÉSIDENT DE LA SOCIÉTÉ

(Lue à la Société, séance du vendredi 23 juin 1876)

ORLÉANS

IMPRIMERIE DE GEORGES JACOB

4, CLOITRE SAINT-ÉTIENNE, 4

1876

NOTICE NÉCROLOGIQUE

SUR

M. L. DE BUZONNIÈRE

Messieurs,

Il y a, disons-le franchement, certaines personnes dont la vie est une gêne et la mort un embarras : présentes, elles forment autour d'elles des situations difficiles ; disparues, elles créent une situation épineuse. Se taire semble la seule chose possible ; mais s'il faut parler, que doit-on dire? que doit-on soustraire? La droiture et la convenance ont toutes deux leurs droits dont le respect est impérieux.

Vous n'avez pas à me plaindre, car en venant vous parler de M. de Buzonnière, j'ai beaucoup à louer et rien à taire. C'est une de ces vies passées au grand jour, dont chacun de nous a vu les époques et qui ne craint pas les recherches, car elle a toujours été, telle que vous l'avez connue, honnête et laborieuse.

M. Léon de Buzonnière était né le 3 juillet 1797. Des traditions de famille l'appelèrent à la carrière de la magistrature, et il était conseiller auditeur à la Cour royale d'Orléans quand éclata la révolution de 1830. La fidélité aux convictions est toujours honorable, surtout quand elle impose des sacrifices ; lorsque de froids calculs ou des prévisions adroites la motivent, elle est un égoïsme déguisé, une habileté coupable ; quand elle accepte une immolation, c'est l'honneur pur et sans tache : toute opinion doit respect et hommage à cette conduite de loyauté.

Telle fut celle de M. de Buzonnière en 1830. Neveu du premier président de la Cour royale, il pouvait compter sur un brillant avenir ; mais il l'eût acheté aux dépens de sa droiture. Comme son oncle, il préféra l'honneur aux dignités, et, victime volontaire de convictions enracinées, rejeta les transactions déloyales pour entrer dans le repos.

Je dis le repos, mais non pas l'inaction, car dès ce jour son esprit cultivé se réfugia dans quelques travaux littéraires. Il voyagea en Écosse et livra ce voyage à l'impression, puis composa un roman de mœurs intitulé : *Les Solonais*, dont il n'aimait pas, il faut bien le dire, qu'on lui parlât ; il souriait alors et répondait agréablement que ce livre était un péché de jeunesse, et il avait raison, car le travail est médiocre.

M. de Buzonnière n'avait donc pas encore rencontré sa voie : il la trouva enfin. Son esprit était fait pour les travaux historiques, et quand il les entreprit, il devint un excellent ouvrier.

L'*Histoire architecturale de la ville d'Orléans* fut une de ses premières œuvres, et si le silence se fit un peu autour de son ouvrage, il faut l'attribuer à l'indifférence qui accueillait alors les études archéologiques, puis au nom d'un auteur qu'on n'était pas accoutumé à entendre traiter de pareils sujets. L'*Histoire architecturale* méritait mieux, je le dis sans hésiter, car si elle renferme quelques inexactitudes, des omissions et même des erreurs que l'écrivain a reconnues plus tard, il est important pour l'histoire de notre ville; l'ensemble est satisfaisant; il gagnera de plus en plus sa bonne place dans l'avenir, et déjà justice lui est rendue dans les équitables appréciations.

M. de Buzonnière était donc désigné pour devenir en 1851 le secrétaire général du Congrès scientifique : il le fut en effet, et contribua par son activité au succès que témoignent les deux volumes fruits de ce congrès.

Une chose surtout contribua à développer chez M. de Buzonnière le goût des sciences historiques, à tailler sa plume, aiguiser son esprit, à le faire tel que vous l'avez connu.

C'était un des premiers jours de l'année 1848. Dans la matinée, un de nos collègues, aujourd'hui premier président à la Cour d'appel, entra dans mon cabinet et me dit : « Ne pourrait-on pas fonder à Orléans une Société archéologique ? Qu'en pensez-vous ? » Je lui répondis de suite et sans hésitation : « Oui, bien certainement, car les éléments existent. » Et aussitôt, nous asseyant tous les deux autour du feu de la cheminée, nous cherchâmes ces éléments faciles à trouver. Le nom de M. de Buzonnière fut le premier tombé de nos lèvres. Il fut convenu que ce projet lui serait communiqué, discuté avec lui et mis aussitôt à exécution.

Vous étiez fondés ce jour-là, et vous savez quel heureux chemin a parcouru notre Société; elle est une des plus fortes de France, et je dépose en votre nom, sur la mémoire de M. de Buzonnière, la couronne immortelle de fondateur en toute la vérité de ce mot.

Vous l'aviez, au reste, bien compris, car vous avez plusieurs fois honoré M. de Buzonnière de votre confiance reconnaissante :

il fut deux fois votre Président, et quand la mort nous l'a enlevé, il allait, par la vice-présidence, le devenir une troisième fois : c'était la justice de votre cœur.

Depuis votre fondation, M. de Buzonnière n'a pas cessé d'enrichir de ses travaux nos *Bulletins* et nos *Mémoires*. La parole de M. de Buzonnière était facile, claire, et son travail réunissait à ces deux qualités une véritable science. Ceux d'entre nous dont il était le collègue dans une autre société qui marche auprès de la nôtre avec de plus nombreux bataillons sans doute, mais non pas de plus infatigables travailleurs, qui nous regarde avec les yeux de la paix et de la concorde, et que nous regardons avec ceux de la fraternité et du dévoûment, ceux-là savent et vous diront que M. de Buzonnière y était un des meilleurs écrivains, un des littérateurs les plus savants, et que sa disparition y a laissé de vifs regrets.

Il est une des plus sévères lois de la Providence, dont chacun de nos devanciers est tombé, dont chacun de nous tombera la victime ; elle est inflexible, et si le chrétien l'adore en sa justice, il ne peut pas ne pas gémir sur son inexorable application. Lorsque de longues études, de longs rapports avec les hommes, de longues connaissances des choses, la maturité de l'âge, la lumière de l'expérience ont développé en chacun de nous la force et la fécondité, et surtout le pouvoir d'être utiles, une main implacable frappe notre existence, et il nous faut quitter la vie quand nous commençons à savoir vraiment quelque chose, à guider les inexpérimentés !...

Cette loi que je n'accuse pas, car je la bénis dans sa mystérieuse et équitable profondeur, cette loi est venue également atteindre notre cher collègue. Il avait le pressentiment qu'elle le frapperait bientôt, et malgré les apparences d'une force qui nous faisait illusion, lui ne partageait pas cette erreur bien douce pour nous. On lui parlait, quelque temps avant sa dernière maladie, de la présidence à laquelle il serait appelé en décembre : « Je ne la verrai pas, » répondit-il, et cependant vous l'avez entendu dans la salle de l'Institut, malgré ses soixante-seize ans, faire un très-bon rapport sur notre concours de 1875. Je l'avais entendu à l'Académie des belles-lettres faire deux rapports lumineux sur des mémoires historiques; nous l'avions vu assister aux réunions préparatoires des expositions retrospective et d'industrie appliquées aux arts, devenir le vice-président de cette dernière et lui consacrer une activité encore puissante. Son amour du beau, son dévoûment à la cité le soutenaient et doublaient ses forces. Mais le jour arriva ou cette loi dont j'ai parlé, et qui menace vos vieux collègues et amis, le frappa inopinément. Nous nous étions tous deux donné rendez-vous pour visiter, dans un quartier de la ville, quelques objets indiqués pour l'expositon rétrospective, et ce jour il montait dans son lit pour n'en plus descendre....

Ses concitoyens pourront parler de la droiture de son âme, de l'affabilité de ses rapports, de son amour ferme du bien ; nous, ses collègues, qu'il a créés, conduits, éclairés, parlerons longtemps de la délicatesse de son goût, de la vérité de sa critique, de la sûreté de sa littérature, de la conscience de ses recherches. Membre correspondant de la Société des antiquaires de France, du ministère de l'instruction publique, vice-président de la Société des amis des arts, président de l'Académie de Sainte-Croix, il émirtait tous ces titres qu'il justifiait, et qui tous n'étaient que la récompense d'une vie de travail, de science et de loyauté.

Tous ces titres ont assurément de la valeur; mais homme sérieux et voulant le complet de la vie, M. de Buzonnière avait toujours demandé au christianisme ses enseignements et depuis longtemps son influence, et quand la mort se présenta devant lui, le 27 mars, elle le trouva prêt et sans frayeur. Le serviteur adora tranquillement la volonté de son maître et lui remit filialement son âme.

Nous garderons religieusement sa précieuse mémoire : la cité nous en fait un devoir et la reconnaissance une douceur.

www.ingramcontent.com/pod-product-compliance
Lightning Source LLC
Chambersburg PA
CBHW070436080426
42450CB00031B/2670